CADET ROUSSEL

DANS

L'ISLE DES AMAZONES,

MÉLODRAME-FOLIE

EN DEUX ACTES, MÊLÉ DE CHANTS ET DE DANSES,

Par MM. HENRY SIMON ET ROZET;

Représenté, pour la première fois, à Paris, sur le Théâtre de la Porte Saint-Martin, le 22 Février 1816.

PARIS,

CHEZ J. N. BARBA, LIBRAIRE, PALAIS-ROYAL,

DERRIÈRE LE THÉATRE FRANÇAIS, N°. 51.

De l'Imprimerie de HOCQUET, rue du Faubourg Montmartre, n°. 4.

1816.

PERSONNAGES.	ACTEURS.
CADET-ROUSSEL, acteur tragique.	M. *Pierson.*
BLANCHET, son ami.	M. *Emile.*
BEUGLANT, poëte tragique.	M. *Pascal.*
MANON, femme de Cadet Roussel.	Mad. *Florval.*
BRAS-DE-FER, capitaine des Amazones.	Mlle. *Révalard.*
COEUR-D'ACIER, vieux sergent.	Mlle. *Julie Pariset.*
SIMPLETTE, tambour.	Mlle. *Victorine.*
Amazones.	
Matelots.	

———————————

La scène se passe dans une isle, à quelques lieues de Marseille, où se sont réfugiées plusieurs femmes provençales.

Au premier acte, le Théâtre représente le rivage de la mer.

Au second acte, une salle du Palais habité par les Amazones.

CADET ROUSSEL

DANS L'ISLE DES AMAZONES,

Mélodrame-folie en deux Actes.

SCENE PREMIÈRE.

BRAS DE FER, BLANCHET, Amazones.

Bras de Fer fait faire l'exercice à plusieurs femmes qui sont groupées dans le fond du théâtre. Blanchet, sur l'avant-scène, est occupé à tricoter des mitaines.

CŒUR.

Air *De la marche de Gulnare.*

L'exercice, aimables objets,
Augmente encor vos charmes,
Pour vous le maniement des armes
Doit avoir des attraits.
Noble espoir de ces chats !
Poursuivez de tels combats,
Devant vous, dans les combats,
Soldats,
Qui ne voudrait pas
Mettre arme bas?

CHŒUR.

L'exercice, aimables objets, etc.

BLANCHET, *à part.*

La belle occupation pour l'héritier de la famille des Blanchets que celle de tricoter des mitaines.

BRAS DE FER, *à sa troupe.*

Garde à vous, mesdames, attention ?

BLANCHET, *à part.*

Il vaut pourtant encore mieux avoir deux aiguilles dans les mains qu'une corde au col; car Dieu sait comme ces dames traitent les pauvres hommes!...

BRAS DE FER, *à sa troupe.*

Chargez.

BLANCHET

Quand le hasard en amène dans ces lieux...

BRAS DE FER

Bourrez!...

BLANCHET, *à part.*

Elles se les disputent...

BRAS DE FER

Amorcez...

BLANCHET, *à part.*

Et l'on dit qu'elles en ont déjà couché plus d'un...

BRAS DE FER

En joue!

BLANCHET, *à part.*

Au seul nom d'hommes elles se mettent toutes en...

BRAS DE FER

Feu!... ce n'est pas ça, mesdames, ce n'est pas ça, re-commencez-moi ce temps-là.

BLANCHET, *à part.*

Voilà pourtant le métier qu'elles font du matin au soir.

BRAS DE FER

Air : *Du Roi et du Fermier.*

A mon commandement
Portez votre corps en avant ,
Du rang,
Sur la hanche lié ,
Ayez le fusil appuyé
Au pié :
Portez ;
Puis , présentez ,
Apprêtez ,
Armez , ajustez,
Visez,
Le canon de niveau ,
Haut ,
Et tirez droit au poteau.

BLANCHET, *à part.*

Feu!.. ça me fait bouillir, moi ça. Maudit Cadet Roussel, c'est lui qui est cause de l'état d'humiliation où c'qu'est tombé un homme qui , dans les pères nobles de la comédie et dans les confidens de la tragédie, n'était jamais resté au-dessous de son emploi.

BRAS DE FER, *toujours à sa troupe.*

A demain, mesdames, je vous montrerai la charge en douze temps.

BLANCHET

Quelle charge!..

BRAS DE FER

Demi tour à droite, en avant marche.
(*Toutes les femmes défilent en reprenant le chœur :*)
L'exercice aimables objets , etc.
(*Une seule sentinelle reste en faction sur un petit rocher qui domine la mer.*)

SCÈNE II.

BLANCHET, seul.

N'me v'là-t-il pas bien calé? moi, qui l'autre semaine faisais encore chaque soir les beaux jours du théâtre de Brive la Gaillarde.

« A quoi suis-je réduit ? ô gloire taciturne !
» Cette main qui naguère a chaussé le cothurne
» Maintenant destinée aux emplois les plus bas,
» Ressemel' des souliers ou tricote des bas. »

et pour qui encore? pour un régiment de femmes provençales, trompées par leurs amants ou leurs époux, qui sont venues dans cette île, bouder les hommes et jurer une haine éternelle à ce petit Dieu, nommé vulgairement et communément l'Amour. Quel enchaînement de circonstances malheureuses, pour ne pas dire désagréables, m'ont conduit jusqu'ici !... Rival de Cadet, un soir qu'il d'vait jouer l'Achille d'Iphigénie en Aulide, j'veux lui souffler Manon... Calchas s'en apperçoit... Achille s'emporte... Iphigénie pleure... Clytemnestre jure... et, dans un mouvement tragique, Cadet s'permet un geste auquel j'réponds par une tirade de coups de poings.. La toile tombe... j'tombe sur la recette... l'public tombe sur nous... mais tout ça n'fit que hâter leur bonheur, et j'appris le lendemain que Cadet avait épousé Manon en sortant de jouer le Mariage extravagant. Dès ce moment je renonce aux pères nobles, aux confidens; et, pour me venger du couple perfide, je débute par le rôle de l'Ami de la Maison, espérant monter avec la Belle aux bois, une Heure de mariage, ou la Chambre à coucher; vains efforts, Cadet ne voulut s'essayer, ni dans l'Amant jaloux, ni dans le Sganarelle du Mari battu et content. Désespéré en voyant que je ne pouvais lui fourrer rien de tout ça dans la tête, je lève le pied, et un soir qu'ils avaient affiché le Départ pour Saint-Malo, je vole à Marseille, j'y vois le Marchand de Smyrne, qui s'en allait avec Madame Angot au sérail de Constantinople; nous abordons l'Habitant de la Guadeloupe et la Veuve du Malabar, nous montons ensemble le Vaisseau amiral; le Fanal de Messine nous égare, nous faisons naufrage, et nous tombons avec le Colosse de Rhodes, en touchant le Rocher de Leucade. Patron Jean s'accroche à moi; je m'en débarrasse au moyen d'une passade et, me saisissant d'un carton, que la Marchande de modes envoyait à la Jeune Indienne, j'aborde dans cette

île au moment où l'on était assemblé pour élire une reine...
quatre dragons ou plutôt quatre femmes s'emparent de moi;
je suis conduit au camp; prêt à y être fusillé, je mets en évi-
dence les petits talens de société dont la nature m'a favorisé...
ces dames en sont ravies, et j'obtiens d'elles, avec ma grâce,
la place de fournisseur et de munitionnaire géneral des vivres
de l'armée.

Air *de Marianne.*

Comme tailleur ou couturière,
Dans l'emploi que l'on m'a donné,
A servir une armée entière
Je m' vois à présent condamné.
    Bonn'tier, frippier,
    Même armurier,
D' la troupe encor je suis le cuisinier.
    Et dans c' séjour
    J' fais tour-à-tour
Trente métiers et la nuit et le jour.
Morbleu! pour contenter ces dames,
Il faudrait que l'on fût de fer,
Cette le est vraiment un enfer:
    On n'y voit que des femmes.

SCENE III.

BLANCHET, Ensuite CŒUR D'ACIER, BRAS DE FER, SIMPLETTE et Amazones.

LA SENTINELLE

Qui vive!

COEUR D'ACIER

Patrouille!

LA SENTINELLE

Alte-là! caporal, hors la garde, venez reconnaître patrouille (*Bras de fer sort avec deux femmes, Cœur d'acier
s'approche d'elle et lui donne le mot d'ordre assez haut pour
être entendu*)

COEUR D'ACIER.

Amour! coquetterie!

BRAS DE FER, *de même.*

Dissimulation!

BLANCHET, *à part.*

C'e t ça, dissimulation est aujourd'hui le mot de ralliement
de toutes nos dames.

SIMPLETTE, *s'approchant de Blanchet.*

Eh! bien, Blanchet!.. as-tu bientôt fini mes gants.

BLANCHET

Ah! pas encore, je fais ceux du capitaine Bras de Fer.

COEUR D'ACIER
Et ma paire de mitaines est-elle terminée ?

BLANCHET
Vos mitaines !.. c'est une autre paire de manches, ça, mon sergent, je dois servir le petit tambour avant vous.

SIMPLETTE
Il y a long-tems que tu me fais attendre.

BLANCHET
Ah dam!

Air de Richard.

Et tric et tric et troc,
La besogne irait bien mieux,
Si nous tricotions nous deux.

BRAS DE FER.
Quoi ! pour les fêtes prochaines
Faut-il prendre des mitaines ?

SIMPLETTE.
Oui, ces soins sont importants ;
Qu'ici rien ne vous arrête,
Dans un pareil jour de fête
On doit se donner des gants.

Ensemble.

Et tric et tric et troc., etc.

COEUR D'ACIER.
Jadis dans notre village,
Quand j'en fis l'apprentissage,
On me citait, mon enfant,
Chaque jour avec courage
Fallait me voir à l'ouvrage,
Je tricotais joliment.

Ensemble.

Et tric et tric et troc, etc.

BRAS DE FER
Cœur d'acier, êtes-vous bien sûre au moins qu'aucune femmes n'ait abordée dans l'île ?

COEUR D'ACIER
Oui, capitaine Bras de Fer, j'ai visité avec ma troupe jusqu'au plus petit rocher.

BLANCHET, *s'approchant.*
Comment, mesdames, il est donc vrai que vous proclamerez reine la première femme qui abordera dans l'île?

BRAS DE FER
C'est la loi du pays !

COEUR D'ACIER
Nous n'attendrons peut-être pas long-tems, le ciel s'obscurcit.

BRAS DE FER
Si cela pouvait occasionner une tempête.

COEUR D'ACIER

Nous verrions sans doute échouer quelques vaisseaux !

BLANCHET, *à part*

Ces femmes-là ne demandent que plaies et bosses.

COEUR D'ACIER

Et alors parmi les naufragés, il serait bien étonnant que le sort ne nous envoyât pas une femme.

BRAS DE FER

Entendez-vous le tonnerre.

COEUR D'ACIER

Il est encore loin.

BRAS DE FER

L'horizon est enflammé.

SIMPLETTE

Les éclairs se succèdent.

BRAS DE FER

Ah ! si l'orage pouvait se rapprocher.

BLANCHET, *à part*

Ces diablesses-là n'ont peur de rien.

BRAS DE FER

Il faut rassembler la troupe ; alerte, alerte, mesdames.

CHOEUR

Air *du Jugement de Midas.*

La foudre gronde dans les cieux,
L'air s'embrase de mille feux,
Tout annonce un orage affreux.
Ah ! pour nous quel moment heureux.

Jour radieux,
Pour finir notre peine,
Fais en ces lieux
Paraître une souveraine.

BRAS DE FER.

Le sort l'amène ;
Déjà sur l'eau
Flotte un vaisseau.

COEUR D'ACIER.

Comment sur l'eau
Flotte un vaisseau.

CHOEUR.

Plus de courroux,
Les dieux jaloux
Veillent sur nous.

BRAS DE FER.

L'horizon commence à s'éclaircir,
Le calme succède à la peine,
Une reine ici va venir
Toutes nos peines vont finir.

BLANCHET

Capitaine, j'apperçois quelque chose qui s'approche de ce rivage.

CŒUR D'ACIER

Est-ce une femme?

BLANCHET

Je ne distingue pas bien encore.

Air : *Haïss' les femmes qui voudra.*

Un instant, laissez donc venir
L'objet qui vers cès lieux s'avance,
L' diable ne saurait l' définir ;
C'est quelque chose d'importance
En c' moment il marche en avant.
A présent il s'arrête :
Mon dieu ! ça tourne au moindre vent,
Comme une girouette.
Je n' sais pas c' qui peut voyager
Sans boussol', sans voile et sans rame,
Mais autant que j'en puis juger,
C'est bien léger...

TOUTES LES FEMMES.

C'est une femme !

BRAS DE FER

Hé vîte vîte, mesdames, des perches, des cordages ! il faut mettre tous nos canots à la mer.

BLANCHET, *à part.*

Ah ! mille tragédies, si je pouvais épouser c'te reine-là

SIMPLETTE

Allons Blanchet, il faut nous donner un coup de main.

BLANCHET, *avec une longue vue.*

Hé non, je vais à l'observatoire.

Air : *Du pas des trois Cousines.*

Dépêchons, allons, bon courage,
Le sexe, il faut en convenir,
A toujours le cœur à l'ouvrage,
Quand il travaill' pour son plaisir.

SIMPLETTE.

Donnez-moi ce bout de cordage ;
Aux travaux je veux me mêler ;
Jeunes fillettes de mon âge
Ne demandent qu'à travailler.

CHOEUR.

Dépêchons, etc.

CŒUR D'ACIER.

Je vais commander la manœuvre,
Le succès sera sans pareil ;
Vous savez que dans ce grand œuvre.
Je suis bonne...

SIMPLETTE.

Pour le conseil.

CHOEUR.

Dépêchons, etc.

Cad. dans l'isle.

BLANCHET, *du haut du rocher.*

Hé, mesdames, doucement donc, ce sont des hommes!

(*Toutes les femmes jettent un cri, et abandonnent les perches et cordages.*)

Ah!!!

Air *De Au feu.*

Revoir des hommes,
Non, non, jamais,
Pouvons-nous, au siècle où nous sommes,
Oublier leurs nombreux forfaits.

(*Elles sortent toutes.*)

BLANCHET, *descendu du rocher.*

L'ai-je bien vu? c'est Cadet : ô vengeance! viens-tu pour servir ici les mouvemens comprimés d'un cœur vindicatif?

SCENE IV.

CADET ROUSSEL, BEUGLANT.

(*Ils sont à cheval sur un tonneau, dans le costume le plus grotesque; Cadet tient un parapluie ouvert.*)

CADET, *descendant le premier.*

Eh bien! mesdames, où allez-vous donc? c'est moi, c'est Cadet Roussel... professeur de déclamation... Dis donc Beuglant, pourquoi donc qu'all' filent comme ça à notre aspect?

BEUGLANT

Elles nous prennent peut-être pour des monstres marins.

CADET

Monstre toi-même, animal; voilà les premières femmes que je fais fuir.

Air *du Pot de fleur.*

De l'Asie ou de l'Amérique,
Voyons-nous les sites charmans,
Ou bien des habitans d' l'Afrique
Toucherions-nous les bords brûlans?
Les coutumes de ces rivages
Boul'versent un peu mes esprits...
Nous sommes donc bien loin d'Paris
Pour trouver des femmes sauvages.

BEUGLANT

Ah! j't'en réponds que nous en sommes loin.

CADET

Tu sais donc où nous sommes?

BEUGLANT

Non, mais orientons-nous.

CADET, *regardant.*

T'as raison, voilà un bras de mer.

BEUGLANT

Qu'est-ce que tu dis donc un bras, c'est la Manche, je vois de l'eau de tous côtés.

CADET

Nous sommes dans une île!...

BEUGLANT

Apparemment. Quel naufrage ! au moment où nous croyions aller jouer la tragédie chez les Hottentôts.

CADET

Nous devions débuter par la Princesse de Poitou.

BEUGLANT

J'en ai encore le manuscrit dans ma poche. (*Il le tire.*)

CADET

Tout ça est tombé dans l'eau.

BEUGLANT

Malheureuse princesse !

CADET

Infortunée Manon ! mon ami, as-tu vu comme ma femme a fait le plongeon ?

BEUGLANT

Personne ne voudra nous recevoir ici.

CADET

Nous sommes dans un si maigre équipage.

BEUGLANT

Avec ce parasol, tu as l'air d'un Robinson, il ne te manque plus qu'un perroquet.

CADET, *tristement.*

Si je pouvais retrouver ma femme.

Air de la romance de Joseph.

Lorsque j'entrepris ce voyage,
Promptement j'croyais m'enrichir ;
Mais v'là qu'bientôt dans un naufrage
Je vis mon espoir s'engloutir :
Décors, tragédi's, mélodrame,
Costum's, poignard damasquiné.
J'ai perdu jusques à ma femme,
Voilà tout ce que j'y gagnai.

BEUGLANT

Mais dis donc, Cadet ? si ce tonneau qui nous a sauvé, renfermait quelque chose de bon à manger ?

CADET

Ou à boire ?

BEUGLANT

C'est peut-être un tonneau de vin de Champagne.

CADET

Ça se pourrait bien, notre vaisseau portait beaucoup de mousses.

BEUGLANT. (*Ils le défoncent.*)

O ciel! quel malheur! il n'y a que des brochures! le cuisinier français!

CADET

Au diable! nous n'avons pas seulement de quoi faire un potage.

BEUGLANT

Nous avons pourtant bu un fier bouillon.

CADET

Notre malheur est consommé.

Air : *Sans mentir* (des Landes.)

Sans azil', sans nourriture,
Sans abri contre les vents,
Nous deviendrons la pâture
Des ours et des éléphans.
La nuit couchés sur la dure
Nous dormirons en tremblant,
Et le matin la froidure
Nous réveillant grelottant...

BLANCHET, *un panier de vin et un pâté à la main.*

C'est tout chaud, tout bouillant,
C'est tout chaud, tout bouillant.

SCENE V.

Les Mêmes, BLANCHET.

CADET

Ah! mon ami qu'est-ce que je vois là?

BEUGLANT

C'est un individu!

CADET

Mieux que ça, c'est un pâté. Par ici l'ami, par ici.

BLANCHET

Hé! doucement donc, c'est le dîner de la reine qui vient de nous arriver.

CADET

De la reine. (*Il le regarde.*) Hé mais, je ne me trompe pas.

BEUGLANT

Non sans doute.

CADET

J'ai déjà vu cette tête là sur des épaules de ma connaissance.

BEUGLANT

C'est lui.

CADET

Lui!.. qui?

BEUGLANT

Blanchet↓

CADET

Blanchet?

BEUGLANT

Lui-même.

BLANCHET, *à part*

Il me reconnaît, exécutons mon plan.

CADET

« L'euss'-tu cru qu'un rivage à mes vœux si funeste,
» Présenterait tout de suit' Pilade aux yeux d'Oreste ;
» Qu'après près de six s'main's que je t'avais perdu
» À la Cour, d'je n'sais qui, tu me serais rendu. »

BEUGLANT

C'est le ciel qui t'envoye.

BLANCHET

Hé ! non, c'est que je passe.

CADET

Mais comment te trouves-tu dans cette île inconnue aux navigateurs?

BLANCHET

J'y occupe un emploi.

CADET

De comédie?

BLANCHET

Non, de cuisinier.

CADET

Ça tombe bien, nous n'avons pas dîné.

BLANCHET

En ce cas je vais mettre le couvert.

Air : *En revenant de Bâle en Suisse.*

Puisqu'aujoud'hui la providence
N'a plus pour vous d'sévérité,
Ouvrez vos cœurs à l'espérance :

CADET.

Avant tout ouvrons ton pâté.

BLANCHET.

Un peu d'patience
Et votre cuisinier
Vous servira, j'pense,
Un plat de son métier.

Reprise ensemble.

BLANCHET

Commençons par boire un coup de cette tisanne.

CADET

J'en ai besoin, car je me sens tout malade.

BLANCHET

A la santé de Manon!..

CADET

Ah! mon ami, cela ne peut plus lui faire aucun bien.

BLANCHET

Bah!.. (*à part.*) il ne sait rien.

BEUGLANT, *mangeant.*

La pauvre femme!..

CADET

Voilà de ces choses qu'un bon mari avale difficilement.

BLANCHET, *à part.*

S'il savait qu'elle est reine.

BEUGLANT, *mangeant.*

Elle était d'une si bonne pâte.

CADET, *à Blanchet.*

Donne-moi un peu de croûte.

BEUGLANT

Je me souviendrai long-tems de ce malheur.

CADET

Et moi aussi. (*Il mange.*)

BLANCHET

Comment trouves-tu ce pâté?

CADET, *parlant à Beuglant.*

Je ne peux pas le digérer.

BLANCHET

C'est tout ce qu'il y a de plus leger.

CADET, *de même.*

Je me sens là un poids.

BLANCHET

Buvons encore.

CADET

Ah mon dieu, oui, buvons!

Air: *Tout ça passe.*

Contre mon chagrin cuisant
En vain tu m'offres des armes,
A pleurer c' te chère enfant
Je semble trouver des charmes.
Vois mon verre et mes alarmes,
Vois ma soif et mes tourmens;
Ami, ton vin et mes larmes,
Tout ça coule (*ter.*) en même tems.

BEUGLANT.

Même air.

A quoi bon en ce moment
Pleurer ainsi ta compagne ?
Morbleu ! cet endroit charmant
Est un pays de Cocagne.
Si la tristesse t'y gagne ;
Vois-tu ces mets succulens ;
Pâté, douleur et Champagne,
Tout ça passe (*ter.*) en même tems.

(*Ils boivent. Cadet et Beuglant commencent à se griser.*)

BEUGLANT

Je commence à m'acclimater ici.

CADET

Et moi aussi, je veux y avoir un pied à terre.

BLANCHET, *à part.*

Je saurai bien l'empêcher.

CADET

Blanchet, mon ami, nous nous mettons en pension chez toi.

BLANCHET, *d'un air sinistre.*

Je ne vous garderai pas long-tems. (*à part.*) Dissimulons pour les effrayer.

CADET, *à moitié ivre.*

Pourquoi donc? ta cuisine nous convient.

BEUGLANT, *de même.*

Ah ! certainement, elle nous convient.

BLANCHET, *se parlant à lui-même.*

Non, je ne pourrai jamais.

CADET

Tu y trouveras de l'avantage.

BLANCHET

Je sens qu'il m'en coûtera...

CADET

Très-peu de chose, nous ne ferons que trois repas par jour.

BEUGLANT

Ou quatre, tout au plus.

BLANCHET

A leur âge...

CADET

Hé ! nous n'avons pas trop d'appétit pour notre âge.

BLANCHET, *mystérieusement.*

Comment mes amis vous ne savez donc pas ?

CADET

Non, ma foi, nous ne savons pas...

BLANCHET

CADET

Parole d'honneur.

BLANCHET, *mystérieusement.*

Vous êtes ici chez des antropophages.

CADET

Antro...

BEUGLANT

Po...

BLANCHET

Phages...

CADET

Qu'est-ce que tu dis donc : je n'ai vu ici que des femmes;
allons les trouver, elles ne nous mangeront peut-être pas.

BLANCHET

Au contraire.

Air : *de Colalto.*

J' vois bien que l'on n' vous a pas dit
L'usag' du pays où nous sommes,
Nos dam's ont fort bon appétit,
Et leur plus grand régal et de manger les hommes;
C'est moi qu'ell's ont soin de choisir
Pour apprêter ce repas délectable;
Aussi le jour où vous orn'rez leur table
J'aurai l'honneur de vous servir.

CADET

C'est donc des ogres que ces femmes-là?..

BEUGLANT

Ah! vous n'y êtes pas, je suis dur à cuire.

CADET

Et moi je ne suis bon ni à rôtir ni à bouillir. Beuglant,
remontons sur notre tonneau.

BEUGLANT

Hé! mon ami, il est défoncé.

CADET

Défoncé!.. ah... (*Ils se jettent à genoux.*)

Air : *C'est donc demain que j'aurai ma Lucette.*

Pour nous tuer en vain tu t'évertues,
Nous n' somm's, hélas!
Ni grands, ni gros, ni gras,
Ah! ah! ah! ah!
Vois tes amis qu'avec ton ton tu tues,
Tantôt veux-tu
Qu'on tu' tant de vertu.

BLANCHET, *à part.*

Je les tiens, ils vont s'éloigner. (*haut*) mes amis, je
puis vous sauver.

CADET, *se relevant.*

Ah ! tant mieux.

BEUGLANT

Comment cela ?

BLANCHET

Que Cadet me cède tous ses droits sur Manon, et je vous procure une barque.

CADET

Hein !..

BEUGLANT

Accepte, c'est un bon marché.

CADET

Qu'est-ce que tu dis donc ?

BLANCHET

J'y joins dix bouteilles de Champagne.

BEUGLANT

C'est pour la traversée.

BLANCHET

Vingt-cinq louis en or.

BEUGLANT

C'est pour le débarquement.

BLANCHET

Eh bien, tu consens ?

CADET, *ironiquement*

Qui ? moi, vendre Manon, non !

BEUGLANT

Y penses-tu ? une femme qui est morte.

CADET

C'est pour ça que j'y tiens.

BEUGLANT

Elle avait vingt défauts.

CADET

Cent qualités.

BEUGLANT

Vous étiez toujours en querelle.

CADET

C'est vrai, mais comme elle était belle dans ses colères.

BEUGLANT

Souvent elle te donnait...

CADET

J'en conviens ; mais c'était avec une grâce ! cette femme là se dessinait à merveille.

BEUGLANT

Vous vous disputiez tous les matins.

Cad. dans l'île.

C

CADET

Nous nous raccomodions tous les soirs.

BEUGLANT

Boudeuse, grondeuse, pleureuse...

CADET, *tendrement.*

Et amoureuse.

BEUGLANT

Folâtre, opiniâtre, accariâtre...

CADET

Tout ça plaît au théâtre

BLANCHET, *aiguisant son couteau*

Allons, mes amis, veuillez m'accompagner à la cuisine.

BEUGLANT, *effrayé.*

Rien ne presse... Cadet, mon ami, mon tendre ami...
prends pitié de notre position.

CADET, *presque décidé.*

Qu'exiges-tu, Beuglant ?

BLANCHET

Nous avons grand festin aujourd'hui.

BEUGLANT

Tu l'entends ! nous ne serons pas à la nôce.

BLANCHET

Air : *de la Fricassée.*

Allons
Mes amis, dépêchons,
Pour la fête,
Ici que chacun s'apprête ;
Je vais aller tout préparer,
Et vous devez tous deux y figurer.

BEUGLANT

Cruel ! entends-tu l'air de la fricassée...

CADET

Nous allons la danser.

BEUGLANT, *avec force.*

Non, non, non, non.

CADET, *se rendant.*

Oui, non. — Blanchet, touche là, ma femme est à toi.

BLANCHET, *à part*

O bonheur ! il est dedans.

CADET, *vivement.*

Mets-nous dehors (*hésitant.*) Tu sais que je ne puis
pas te la livrer.

BLANCHET

Sans doute... mais elle peut revenir.

CADET

Tu me fais peur ; si elle savait ce que je fais pour elle, elle ne me le pardonnerait jamais.

BLANCHET

Tu dis qu'elle est morte...

CADET, *hésitant.*

Heureusement.

BLANCHET

On ne sait ni qui meurt, ni qui vit... et tu dois me faire un écrit...

CADET

C'est trop juste.

BLANCHET

Air : *Verse encor.*

Viens signer, signer, signer, signer,
Tu dois te résigner
A me vendre ta femme ;
Viens signer, signer, signer, signer,
Les droits que sur la dame
Il te faut m'assigner.

BEUGLANT, *à part.*

Si c' tendron ent r'pêché
On lui donn'ra son reste ;
Car sur un tel marché
Il n'a pas tout touché.

CADET.

Du séjour du trépas
Si par un coup funeste,
Manon revient, hélas !
Je n'en reviendrai pas.

Viens signer, etc.

(*Ils sortent les bras entrelacés.*)

SCENE VI.

SIMPLETTE, *seule les regardant s'en aller.*

O ciel que vois-je ? Blanchet s'en va avec les deux hommes de tantôt... seraient-ils d'intelligence ? ils entrent chez lui, plus de doute !... ces méchans ont le projet de causer une révolution dans l'île... ah ! mon dieu qu'allons-nous devenir ?

Air : *Vent brûlant d'Arabie.*

Dans leurs perfides trames,
Ils osent tout tenter.
A ces messieurs, les femmes
Ne peuvent résister !

Victimes que nous sommes,
Ils nous poussent à bout,
Car on dit que les hommes
Sont capables de tout. (3 fois.)

Même air.

Pourtant de leur adresse,
Je doute encore un peu ;
Leur ruse, leur finesse,
Tout cela n'est qu'un jeu.
Je voudrais bien voir comme
Ils nous poussent à bout,
Et s'il est vrai qu'un homme
Soit capable de tout.

Voici la Reine,

SCENE VII.

MANON, BRAS DE FER, CŒUR D'ACIER, SIMPLETTE, Amazones.

Air : *Pour St.-Cyr, ah! quelle gloire!*

Paraissez, aimable Reine,
Venez régner sur nos cœurs.
Ici le sort qui l'amène,
Met un terme à notre peine,
Sur ses pas jetons des fleurs.

(*Les Amazones forment deux haies. On présente les armes et Manon entre vivement en scène ; elle est en costume de poissarde et porte des sabots.*

SIMPLETTE, *à part.*

Elle est gentille.

BRAS DE FER

Princesse, nous nous félicitons de pouvoir vous offrir une couronne....

MANON

Je l'accepte, pour ne pas vous refuser!

BRAS DE FER

Le royaume n'est pas grand.

MANON

Les petits présens entretiennent l'amitié.

BRAS DE FER

Vous êtes dignes d'occuper un plus grand théâtre.

MANON, *à part*

Est-ce qu'elles sauraient que j'ai joué à l'Estrapade?

BRAS DE FER

Vous voyez tous vos sujets rassemblés.

MANON

Ils ne sont pas conséquens.

BRAS DE FER

Ils vont vous donner une fête.

MANON

Je l'accepte sans cérémonie....

Air : Il me faudra quitter l'empire:

A des femmes jeunes et belles
Le destin paroît me lier,
Ainsi, je vais régner sur celles
Qui régnent sur le monde entier.
Ah ! si le sort qui maint'nant me remarque,
Pour Roi vous donnait un Français,
J'réponds qu'ici l'on verrait le monarque
Souvent aux pieds de ses sujets.

BRAS DE FER

C'est une luronne.... Comment vous appelez-vous ?

MANON

Manon !

BRAS DE FER

Vive la Reine Manon !

TOUTES

Vive la Reine Manon !

Air : De Jeanne d'Arc.

Vive cette princesse
Que le ciel nous adresse.
Enfin,
Célébrons-la sans cesse,
Et bénissons notre destin.

MANON.

Je s'rai novic' mesdames,
Dans le rang où vous me placez.

BRAS DE FER.

Pour commander, les femmes
En savent toujours bien assez.

CHŒUR.

Vive cette princesse, etc.

BALLET

(Evolutions militaires exécutées par les Amazones.)

CŒUR D'ACIER

Princesse, ton royaume court les plus grands dangers ;
des hommes sont débarqués sur ce rivage.

MANON

Combien sont-ils ?

CŒUR D'ACIER

Deux !

MANON

Aux armes !

COEUR D'ACIER

Je viens d'apprendre qu'ils s'étaint retirés chez notre cuisinier.

SIMPLETTE

Je les ai vus s'en aller avec lui ; l'un d'eux porte un habit
noir et l'autre un parasol.

MANON, à part.

C'est Cadet !...

COEUR D'ACIER

Et l'on vient de m'assurer que ce perfide leur procure
en ce moment les moyens de s'éloigner de l'île.

MANON

O Ciel !... allons les en empêcher.

COEUR D'ACIER

C'est ça , il faut en venir aux mains.

MANON

Je marche à votre tête. (On lui donne une épée.)

Air : *Vaud. de la Chaumière Moscovite.*

Marchons , marchons, braves soldats,
    Dans ces combats
Nous ne réculons guère ,
    Femme, on sait ça ,
    Toujours aima
    Cette guerre
        Là.

BRAS DE FER.

Puisque nous sommes
Maîtresses chez nous ,
Que ces deux hommes
Tombent sous nos coups.
    Oui , mesdames , (bis.)
Prouvons à ces bonnes ames
    Que les femmes (bis.)
N'ont pas toujours le dessous.

Marchons , etc.

(*Toutes les femmes sortent en ordre de bataille.*)

Fin du premier Acte.

ACTE II.

Le théâtre représente une salle d'audience : une estrade est placée sur l'un des côtés pour les juges ; en face, sont deux tables pour le procureur général de la Cour et le greffier.

SCENE PREMIERE.

BLANCHET, *seul. Il a mis un habit par dessus sa veste de cuisinier.*

Comme cette affaire-là marche ! pour un homme qui n'a encore joué que les confidens, je viens d'ourdir une petite intrigue, qui est digne d'un premier rôle. Cadet ignore encore l'existence de sa femme, nos fières amazones viennent de le plonger lui et Beuglant dans une cave, qu'elles ont décorée du nom pompeux de souterrain; Manon voulait voler à son secours, mais je viens de lui en ôter l'envie en lui faisant parvenir le traité que mon imbécile de rival a eu la sottise de me signer... elle doit être furieuse ! je l'attends ! et j'espère maintenant la décider à éloigner celui qui a eu la témérité de venir contrecarer mes inclinations... Bravo, Blanchet, bravo mon ami, tu joues ici un rôle de traître qui doit faire honneur à ton humeur, à ta fureur, à ta noirceur et à ton bon cœur ; ces pauvres maris, ils en voyent de toutes les couleurs.

Air : *Tant qu'on dansera.*

Avant qu' l'hymen les engage
On vante leur habileté,
Mais une fois en ménage,
Ils sont d'un' simplicité...
Pour eux un contrat d' mariage
Est un brevet de crédulité.
Ces maris si bons,
Nous les trompons,
Farilon, farilon,
Farlette,
Tant qu'on s' mariera,
La rirette,
On en trompera
La rira.

Voici Manon.

SCENE II.

BLANCHET, MANON, *elle est en costume d'Amazone et tient un papier à la main.*

MANON

Ah! mon cher Blanchet, il y a des momens où c'qu'on est bien fâché de savoir lire.

BLANCHET

C'est pourtant ce qui fait le complettement d'une éducation soignée.

MANON

Saurais-je sans cela que mon perfide époux a voulu se débarrasser de moi.

BLANCHET

Il croyait l'affaire avantageuse.

MANON.

Ne cherchez point à le justifier.

BLANCHET.

Ce n'est pas mon intention.

MANON'

Il est inexcusable.

BLANCHET.

J'allais vous le dire.

MANON.

Un homme à qui j'ai tout sacrifié.

BLANCHET.

C'est à la connaissance du public.

MANON.

N'est-ce pas moi qui l'ai fait jouer au théatre de St - Denis.

BLANCHET.

A raison de cinq sols par acte? c'est vrai!

MANON.

Sans cela, aurait-il eu un cachet dans tous ses rôles?

BLANCHET.

Non, sans doute.

MANON.

Le soir de not' mariage encore, j'l'y ai fait un présent sur lequel il ne comptait certainement pas.

BLANCHET.

Et d'puis, vous lui avez fait des manteaux avec vos jupons de satin.

MANON.

Toute ma garde-robe y a passé.

BLANCHET.

Çà n'a pas été long.

MANON.

Dernièrement encore, j'y ai donné mon cachemire de coton pour se faire un turban.

BLANCHET.

Oui, j'sais que vous l'avez coeffé plus d'une fois.

MANON.

Je donnerais un doigt de ma main pour que l'affaire ne fût pas faite.

BLANCHET.

Je vous ai toujours dit que vous vous en mordriez les pouces.

MANON.

Air : *De Manon Giroux.*

Volà donc comme il me traite ,
O fâcheux éclats !
D' coler' j' deviens presque muette,
Je n' me reconnais pas.
Une conduite si peu r'tenue
N' saurait s'oublier,
Jarni puisqu'il m'a vendue,
Il doit me l' payer.

BLANCHET.

Oh ! là-dessus, je m'en rapporte bien à vous.

MANON.

Le crime est grand.

BLANCHET.

Le châtiment sera terrible !.. je le devine... exposé dans une barque à la fureur des flots, le perfide sera forcé de fuir pour jamais celle qu'il a si cruellement offensée.

MANON.

Non !

BLANCHET.

Pourquoi donc ?

MANON.

Cela ne le punirait peut-être pas assez.

BLANCHET.

Comment ferez-vous alors?

MANON.

Je n'en sais rien ; ces dames vont s'assembler, et il sera jugé suivant toute la rigueur des loix du pays.

BLANCHET.

Ah ! bah ! vous vous racommoderez.

Cad. d. l'île.   D

MANON.

Laisse donc !

Air : *de la Boulangère.*

Cadet a la parole en main
Mais j'sais comment m'y prendre,
L' moyen que j'emploie est certain
Pour le juger sans l'entendre :
Dans un tribunal feminin,
Il n' pourra pas s' défendre
L' coquin,
Il n' pourra pas s' défendre.

BLANCHET, *avec tendresse.*

Ainsi, cruelle, vous allez sacrifier les affections d'un homme...

MANON.

Au fond, Cadet-Roussel est bon enfant.

BLANCHET.

Qui l'a dit ?

MANON.

La voix publique.

BLANCHET.

On la trompe.

MANON.

Il ne peut me haïr.

BLANCHET.

Ses aveux...

MANON.

Sont forcés.

BLANCHET.

Sa conduite.

MANON.

Je l'exuse.

BLANCHET.

Et moi je la condamne,
Cette ardeur qui m'enflamme...

MANON.

Alte là !
Tu choisis mal ton temps pour parler de ta flamme.
(*trivialement.*) Tu m'aimes donc toujours ?

BLANCHET.

Est-ce que çà se demande? à pied, à cheval, sur terre, sur mer, mon amour a resisté à tout.

MANON.

Comment à tout ?

BLANCHET.

A tout ; c'est du cœur que je vous parle. Ces yeux, plus

brillans qu'un soleil, ont allumé dans mon âme avec la rapidité de la poudre, un feu qui, comme la fusée vo'ante,
a causé cet embrâsement dont votre main doit être le bouquet. Vous voyez que je vous parle sans artifice.

MANON, *voulant sortir.*

Je ne puis vous entendre plus long-tems.

BLANCHET, *l'arrêtant.*

Barbare! après les encouragemens innocents que vous
avez donnés à ma tendresse.

MANON.

Moi?

BLANCHET.

Vous!

Air: *Quand on ne dort pas de la nuit.*

Lorsque l'amour pour diriger
L's affections d'un cœur candide
Sous ses bois s'plut à me ranger,
Vos yeux semblaient encourager
Les larcins d'un amant timide
Souv'nez-vous de certain baiser...
Souv'nez-vous d' ces tendres avances...
Un soir vous m'laissât's tout oser...

MANO . *avec dignité.*
Prends-tu ça (*bis*) pour des espérances.

BLANCHET.

C'en sont, madame, ou je ne m'y connais pas.

MANON.

Brisons la-dessus; le tribunal vous a nommé greffier; allez interroger nos prisonniers.

BLANCHET, *avec un léger sentiment de colère.*

Un instant!.. il me semble que l'epouse de Cadet-Roussel
devrait garder un peu plus de ménagemens avec moi.

MANON.

Allons, ne vas-tu pas te jetter encore dans le tragique?
tu sais bien que tu n'as jamais pu mordre qu'au mélodrame.

BLANCHET, *avec force.*

Ces dames ignorent votre mariage, et cet aveu peut vous
ravir la couronne...

MANON,

Mais avant, ne puis-je pas te livrer à toute leur vengeance?

BLANCHET, *interdit.*

Elle a raison. (*à part*) Dissimulons!

MANON , *avec noblesse.*

Je suis trop grande pour profiter de mes avantages; allez
où le devoir vous appèle.

BLANCHET.

Mais, cependant...

MANON, *avec force.*

Obéissez !.. la reine vous l'ordonne.

BLANCHET, *sortant, et en la menaçant.*

Elle m'échappe !.. Je séduirai les juges.

SCENE III.

MANON, BRAS-DE-FER, SIMPLETTE, et CŒUR D'ACIER.

(Elles entrent chacune à la tête d'un peloton de femmes, et l'une après l'autre.)

CHŒUR.

Air d'Aline.

Au tribunal il faut nous rendre :
Un perfide bravant nos coups,
Las de sa femme osa la vendre.
Nous partageons votre courroux,
Pour punir un pareil époux
Le plus grand supplice est trop doux.

MANON.

Eh ! bien, mesdames, voilà encore une preuve de la méchanceté des hommes.

BRAS-DE-FER.

Nous en aurons raison.

CŒUR D'ACIER.

Il est entre bonnes mains; suivant les ordres du capitaine Bras-de-Fer, j'ai extrait le coupable et son complice de la prison d'Etat; ils vont être conduits en ces lieux.

BRAS-DE-FER.

Pardon, mesdames, mais il me semble qu'il y a une grande différence entre ces deux accusés.

MANON.

C'est vrai ! Simplette, allez ôter les fers au plus âgé de ces prisonniers.

SIMPLETTE.

J'y cours. (*à part*) Que ne puis-je les sauver tous les deux.　　　(*elle sort.*)

MANON.

Quant à vous, mesdames, le sort a désigné celles qui doivent composer le tribunal. Le greffier en a la liste.

TOUTES LES FEMMES,

Nous y allons.

SCENE IV.

Les mêmes, CADET-ROUSSEL et BEUGLANT.

CADET, *en dehors.*

Quand ce serait le diable, je vous dis que je veux lui parler à cette reine.

BRAS-DE-FER.

Quel est ce bruit?

CADET.

Excusez, mesdames, si j'entre comme çà sans me faire annoncer... c'est que l'importance de ma visite... Que vois-je?.. Manon!

BRAS-DE-FER.

C'est la reine.

CADET, *stupéfait.*

Je suis mort!

« La tête de Méduse à Néron apportée
» Effraya moins jadis la Grèce épouvantée. »

Air : *Quelle singulière aventure!*

Quelle aventure ou quelle trame
L'a portée au trône soudain.
Sans son mari, comme une femme
Fait rapidement son chemin !

BRAS DE FER.

Nous voulons, pour l'honneur des dames,
Venger la cause des époux.

CADET.

Vous verrez qu'ces diables de femmes
Vont me faire payer pour tous.

CHOEUR DE FEMMES.

Au tribunal, allons mesdames,
Nous devons nous rendre soudain;
En punissant d'affreuses trames,
Soutenons l'honneur féminin.

CADET, *l'arrêtant.*

Eh quoi! Manon, tu ne reconnais plus ton...

MANON

Que dis-tu, Plus ton?

CADET

Je voudrais te parler...

MANON

Je n'entends rien.

CADET

Mais accorde-moi...

MANON

Je n'accorde rien.

Air : *Vaud. d'arlequin afficheur.*

Le sort dont tout subit la loi ,
Par un jugement équitable ,
Vient d'él'ver entre vous et moi
Une barrière insurmontable.

CADET.

Un' barrière ! que dites-vous ?
Si loin d'Paris , cela m'étonne ;
D'vais-je m'attendre à voir entre nous
La barrière du trône ! .

BRAS DE FER.

Vendre sa femme... ô ciel !

CADET.
Peut-on m'en faire un crime !

MANON.

Perfide ! et ce marché !

CADET.
Ce n'était qu'une frime.

MANON.

Eh quoi ! n'as-tu pas r'çu...

CADET , *tirant une bourse.*
Six-cents francs. Les voilà.

BRAS DE FER.

Avant n'as-tu pas bu...

CADET , *montrant une bouteille.*
Douz' bouteill's de c' vin-là.

MANON

Barbar' ! qu'espérais-tu ?

CADET.
Faire un repas , madame.

MANON.

Ton cœur ne t' parlait plus en faveur de ta femme.

CADET , *naïvement.*

Ventre affamé n'a pas d'oreilles.

MANON

Il commence à m'attendrir.

BRAS DE FER

Air : *Non , non point de pardon.*

Non , non ,
Point de pardon ,
Que son supplice
Aujourd'hui s'accomplice.
Non , non ,
Ici , Manon
Doit illustrer sa justice
Et son nom.

CADET.

Quoi , lorsque Blanchet
Ma soif étanchait
Sa conduit' cachait
Donc un trébuchet ?
Cruel ricochet !

D'ma mort qu'il cherchait
Si l'heure approchait
Pour moi quel déchet!

CHŒUR DE FEMMES.

Oui, oui,
Sois réjoui,
On te prépare
Un destin assez rare;
Oui, oui,
Sois réjoui,
On te prépare
Un supplice inoui.

(*Elles sortent*)

SCÈNE V.

CADET ROUSSEL, BEUGLANT, et CŒUR D'ACIER *allant placer une femme en sentinelle dans le fond.*

CADET

Oui, eh bien qu'elles y viennent.

CŒUR D'ACIER, *à la femme.*

Air : *Des fleurettes.*

Restez ici la belle,
Pour garder ces gens-là.
Faites bien sentinelle,
Aucun n'échappera.
En vain ici l'on me nomme,
Ce poste là vous est dû; -
Car moi je n'ai jamais pu
Garder un homme.

(*Elle sort.*)

SCENE VI.

CADET ROUSSEL, BEUGLANT, une Sentinelle dans le fond.

CADET

Eh! bien Beuglant, tu les as entendues.

BEUGLANT

Mais dame, à moins d'être aveugle.

CADET

Je commence à trembler pour ma tête.

BEUGLANT

Moi, je ne crains que pour tes yeux.

CADET

Tu m'éclaires!

Air : *A mes traits pour donner plus d'ame.*

Sous un air badin et folâtre
Ma femme cache ses projets ;
Mais j' crains ici quequ'coup d'théâtre
Dont je redoute les effets.
Premiers rôl's, doublur's et comparse
Tout tremble d' vant elle à c' que j' voi.
Tiens je s'rai le dindon d' la farce ,
Puisqu'ici ma femme fait loi.

BEUGLANT

Tiens toi bien, Cadet, j'te défendrai.

CADET

Toi , mon ami.

« Il est donc vrai qu' sur terr' parmi les gens d'honneur
» L'innocent peut encor trouver un défenseur. »

BEUGLANT

Je n'ai pas ma langue dans ma poche.

CADET

Tu seras bon avocat.

BEUGLANT

J'ai si long-tems joué les raisonneurs.

CADET

Il faudra leur faire des phrases.

BEUGLANT

Est-ce que je ne suis pas poëte.

CADET

Leur lâcher queuques sentences.

BEUGLANT, *avec importance.*

J'ai fait des tragédies.

CADET

Elles vont encore crier.

BEUGLANT

C'est comme si elles chantaient.

CADET

J'en ai la tête fendue.

BEUGLANT, *tirant une liasse de papier de sa poche.*

Oui, mais moi j'ai le dossier.

CADET

Comment le dos scié.

BEUGLANT

J'ai le dossier de ton affaire, et je leur réserve là-dessus
une prosopopée...

CADET

Qu'est-ce que tu parles donc de prose...

BEUGLANT

Aimes-tu mieux une éthopée, une épopée , tu n'as qu'à
dire ; quelle figure veux-tu que j'emploie?

CADET

Hé parbleu ! la tienne, je n'aime pas les nouveaux vi-
sages.

BEUGLANT

Voilà tes juges.

SCENE VII.

Les Mêmes, MANON, BLANCHET, COEUR
D'ACIER, BRAS DE FER, SIMPLETTE et
toutes les Femmes.

(*Elles entrent sur l'air de Malborough et en robes noires, un
huissier paraît d'abord ayant un petit manteau noir et
dit : le tribunal messieurs. Manon vient ensuite couverte
d'une robe noire, avec la décoration de président de la
Cour : Simplette et Cœur d'acier entrent ensemble ; Bras
de fer vient seule avec un gros rouleau de papier sous le
bras. Blanchet arrive le dernier, il a mis un manteau
noir par-dessus son habit. Les mots suivants se disent pen-
dant la marche.*)

CADET

Entends-tu : *Monsieur de Malborough est mort.*

BEUGLANT

Ça l'air d'un enterrement.

CADET

Ma femme a déjà pris le deuil.

L'HUISSIER, *après que tout le monde est placé.*
Silence, messieurs!

MANON, *debout sur l'estrade.*
Greffier donnez lecture à la cour, de l'acte d'accusation.

CADET

Ça se fait dans les formes.

BLANCHET, *se levant.*

Hum! hum!

L'HUISSIER

Silence, messieurs.

CADET

Mais nous n'avons pas parlé.

BLANCHET, *lisant.*

Cejourd'hui vingt-cinquième jour de la lune de septembre,
premier mois de la fondation de notre royaume, et sixième
heure de notre règne.

Cad. dans l'île. E

CADET

Voilà une princesse qui n'a pas encore fermé l'œil depuis son couronnement.

BLANCHET

Est comparu devant la cour messire Jean-Claude-Eustache Roussel, dit Cadet, artiste dramatique, professeur de déclamation et directeur général des théâtres de Gonesse d'Asnières, du Renelagh et de l'Estrapade, ainsi qu'il a dit être.

CADET

Il n'a omis aucune de mes qualités.

BLANCHET

Lequel a, par acte, volontairement, sciemment et méchamment vendu, cédé et transporté sa femme au nommé Blanchet à ce présent qui l'a acceptée pour par lui en disposer comme de chose à lui appartenante, et ce sans garantie, ni retenue quelconque de la part du cédant.

L'HUISSIER

Silence, messieurs.

BLANCHET

Laquelle vente faite de bonne foi a été consentie par les parties contractantes aux clauses et conditions contenues dans les actes et quittances dont copies ont été mises sous les yeux de la Cour et dont elle aura à punir les auteurs, fauteurs, contracteurs et coopérateurs.

BRAS DE FER, *faisant les fonctions de procureur général.*

Mesdames, c'est avec un sentiment bien pénible que je vais entretenir la cour d'un délit jusqu'alors inconnu à notre législation, et dont le châtiment est confié à vos lumières, à votre intégrité et à votre impartialité. (*Pause.*) Mais nos dangers sont pressans, le mal se propage avec une rapidité effrayante, et il importe aux juges éclairés qui m'entendent, d'arrêter dès sa naissance une innovation qui menace à la fois notre repos, notre sûreté et notre indépendance. (*Pause.*) Qui mieux que vous, mesdames, peut savoir ce que nous deviendrions si tous les maris qui sont las de leurs femmes, avaient la permission de les vendre. (*Pause.*) Je sais bien qu'on va m'objecter qu'il est des pays où ces sortes de ventes sont autorisées; mais nos maris ne sont pas des Turcs, mesdames, et pourquoi leur permettrions nous d'ailleurs la pluralité des femmes, quand nous ne pouvons pas avoir légitimement plusieurs maris; Il y a donc dans le crime dont est question, répudiation, oppression, persécution et vexation.

CADET, *à Beuglant.*

Elle égruge la question.

L'HUISSIER

Silence messieurs!

BRAS DE FER

Or donc, mesdames, je me résume et je conclus.

Air: *Le premier du mois de janvier.*

Puisqu'il est bien prouvé qu'ici
La conduite de ce mari
Pourrait encourager les nôtres,
Je demande en grâce aujourd'hui
Que l'on pende ou moins celui-ci,
Afin d'apprendre à vivre aux autres.

CADET, *se levant vivement.*

Qu'est-ce que vous parlez donc de pendre?

L'HUISSIER

Silence messieurs!

CADET

Mais écoutez donc, cela me regarde.

L'HUISSIER

Silence messieurs!

CADET

Silence! silence! Si vous parlez toutes seules, il est sûr que vous aurez toujours raison.

MANON

Accusé, tu n'as pas la parole.

CADET

Pardine, je crois que dans vot' tribunal j'l'attendrais long-tems la parole si je ne la prenais pas moi-même.

BEUGLANT, *le forçant à se rasseoir.*

Tais-toi donc, tu vas tout gâter.

MANON

Maître Beuglant, la cour consent à vous entendre.

BEUGLANT, *avec importance.*

Mesdames, je serai court, et je viens au fait. (*d'une voix élevée.*) Long-tems avant le chaos...

BRAS DE FER

Avocat Beuglant, vous le prenez trop haut.

BEUGLANT

Eh bien! je viens au passage de la mer rouge, et je lis: Le droit écrit et le droit coutumier, disent positivement qu'un mari est le maître de sa femme: *Maitrum souveraintibus femini,* comme dit Sénèque. Or si un mari est le maître de sa femme, pourquoi lui ferait-on un crime d'avoir disposé de son bien, dans un moment où la nécessité impé-

rieuse des circonstances fortuites, jointes au besoin qu'une
navigation périlleuse et prolongée avait immanquablement
fait naître dans un cœur ulcéré et encore à jeun ; après un
naufrage où la diète du malheur, et la famine du désespoir
s'unissant au bruit des vagues, aux cris des matelots, aux
éclats du tonnerre et aux tiraillemens d'un estomach vide,
ont dû nécessairement occasionner le déficit de l'action,
qui, conduite par le hazard, dans la circonstance parce
que... enfin... qui... que... nous sommes innocens, mesdames, nous sommes innocens, *Innocentum vivare in-
dubitas.*

CADET

Comme dit le Tasse.

BEUGLANT, *continuant.*

Ergo, mesdames.

Air : *Du Petit Matelot.*

On a vu plus d'un' vent' semblable,
Et Jupiter... ou Brioché,
Comme dit l'histoire... ou la fable,
Ont fait jadis un tel marché.
C' Mahomet, si tendr' pour les dames,
N' fit pas à la Mecq' tant d'mic-mac,
Tous les jours il donnait dix femmes
Pour une pipe de tabac.

CADET

Bon ! v'là qui les fait fumer.

BEUGLANT, *se rasseyant.*

Dixi, mesdames.

CADET

Et moi aussi je dis que si.

BRAS DE FER, *se levant,*

Qu'est-ce à dire ?

Air : *Chantons lœtamini.*

Ce traitre qui colore
De lâches actions,
Viens nous vexer encore
Par ses citations.

MANON, *descendant de l'estrade.*

Point de rémissions,
La cour en fonctions,
Pour ses décisions
Passe aux opinions.

SCENE VIII.

CADET-ROUSSEL, BEUGLANT.

CADET

Je n'ai pas trop bonne opinion de ces opinions là.

BEUGLANT
Eh! bien tu dois être content de moi.

CADET
Oui, j'crois que tu as joliment arrangé mes affaires.

BEUGLANT
Oh! ce n'est pas tout.

Air: *Il faut que l'on file, file, file.*

J' vois qu'on a juré ta perte,
Mais pour mettre ordre à cela
Je vais à la découverte,
Et bientôt on m' r' verra;
En attendant, mon brave homme,
Si c' tribunal qu'on renomme
Te causait quelque embarras,
Tir' t'en, tir' t'en tir' t'en comme,
Tu' t'en comme tu pourras.

SCENE IX.

CADET, *seul.*

Bien obligé!... Parbleu ces femmes là ont une terrible
manie de juger ... la peur commence à me gagner.

Air: *De l'auberge dans les nues.*

On n' vit jamais tant d'femmes, je crois,
Se déchaîner contre un pauvre homme;
Sur mon compte il n'est qu'une voix,
Quand l'un' dit: tu, l'autre dit: assomme
J' crois pourtant que malgré mon tort,
J' vaux bien la peine qu'on me cite,
Il faut avoir bien du mérite,
Pour mettre tant d' femmes d'accord.

SCENE X.

CADET-ROUSSEL, BLANCHET.

CADET
Eh! bien Blanchet?

BLANCHET.
C'est fini.

CADET.
Déjà.

BLANCHET.
Ta femme tenait singulièrement à ce que tu fusses pendu.

CADET.
Oh! je la reconnais bien là,

BLANCHET.

Mais j'ai intercedé pour toi, et tu en es quitte pour la peur.

CADET.

Oh! mon ami, que d'obligations.

BLANCHET.

Oui, à ma considération, on a décidé que tu serais empoisonné.

CADET.

Peste! il paraît que tu es joliment consideré dans ce pays.

Air du Sorcier.

Cruel ami, vois ton ouvrage,
Ma mort semble te rassasier,
Tu n'en ferais pas davantage
Quand tu serai mon héritier.
C'est toi dont le trompeur langage,
Par un zèle mal entendu
M'a vendu,
Confondu,
M'a perdu.
Ah! ciel à la fleur de mon âge,
A quel sort je suis réservé!...

BEUGLANT, *accourant.*

Il est sauvé, *4 fois.*

SCENE XI.

Les mêmes, BEUGLANT.

CADET.

Qu'est-ce que tu dis donc, sauvé? je suis condamné à mort.

BEUGLANT.

C'est très-heureux pour toi.

CADET.

Tu crois.

BEUGLANT.

Sans doute. Un de tes juges vient de m'apprendre qu'une loi du pays t'accorde la vie, si une des habitantes de l'île consent à t'épouser.

CADET, *joyeux.*

Ah! t'as bien raison, je suis sauvé... Mais Blanchet, tu ne me parlais pas de cette loi?

BLANCHET.

Hé! mon ami, elle est inutile.

CADET.

Qu'est-ce que tu dis donc? Il n'y a pas une femme ici qui ne se hâte de sauver la vie à un bel homme comme moi.

BLANCHET.

Détrompes-toi ; depuis vingt-cinq jours que ce royaume est fondé, il n'y a pas encore eu un seul exemple d'un homme sauvé par une femme.

CADET.

Ah! mon dieu!

BEUGLANT, *appercevant la vieille.*

Bah! bah! voilà déjà qu'on vient te faire des propositions.

SCENE XII.

Les Mêmes, CŒUR D'ACIER.

CŒUR D'ACIER, *à part.*

Je crois bien qu'il ne me refusera pas. (*haut*) Monsieur, vous êtes artiste?

CADET.

Oui ; mais on va me faire jouer une vilaine tragédie.

CŒUR D'ACIER.

Rassurez-vous. Vous savez à quel prix la vie vous est accordée?

CADET.

Oui, madame... Est-ce que...

CŒUR D'ACIER.

Vous l'avez dit, je veux faire une bonne action, et je me sacrifie.

CADET.

La bonne âme !

BLANCHET, *à part.*

Cette vieille-là est toujours alerte quand il s'agit d'obliger son prochain.

CŒUR D'ACIER.

Je renonce à ma haine ; vous jouez les tyrans, moi les princesses, çà me convient : je vous épouse... Partons.

CADET, *transporté.*

O bonheur!.. Madame... certainement.. (*à Beuglant*) Mais, dis donc, Beuglant, elle n'est pas du tout jeune, cette femme-là?

BEUGLANT.

Hé, mon ami, est-ce qu'on fait attention à ces choses-là, dans ta position.

CADET, *se résignant.*

T'as raison ; dans un naufrage, on prend tout c' qu'on trouve. (*à Cœur d'acier*) Je suis votre homme.

BLANCHET, *à part.*

O ciel !... Allons instruire Manon.   (*Il sort.*)

COEUR D'ACIER, *prenant le bras de Cadet.*

J'ai donc enfin trouvé un mari.

CADET.

Et un bon, vous pouvez vous en flatter.

SCENE XIII.

Les Mêmes, SIMPLETTE.

SIMPLETTE.

Air : *Escouta d'Jannette.*

Je suis joliette,
Daignez m'excuser
   La rirette,
Je viens en cachette
Pour vous épouser.

COEUR D'ACIER.

Que dit-elle ?

SIMPLETTE.

L'homme est dit-on bourru, grondeur,
   Mais j'ai du cœur,
Et d'un homme, sur mon honneur
   Je n'ai pas peur.
   Je suis joliette, etc.]

COEUR D'ACIER.

Qu'est-ce à dire, Simplette ? Je l'ai retenu avant vous.

SIMPLETTE.

Il me doit la préférence.

COEUR D'ACIER.

Je veux le rendre au théâtre.

SIMPLETTE.

Et moi, au bonheur.

COEUR D'ACIER.

Je reprendrai mon emploi.

SIMPLETTE.

Il me fera débuter.

COEUR D'ACIER.

Vous osez venir sur mes brisées !

SIMPLETTE.

Pourquoi pas ?

COEUR D'ACIER.

Un enfant qui n'a jamais pu être que tambour dans notre
régiment.

SIMPLETTE.

C'est pour cela que je dois passer avant vous.

COEUR D'ACIER.

Je ferai valoir mes droits.

SIMPLETTE.

Je défendrai les miens.

COEUR D'ACIER.

Tontes les femmes seront de mon avis.

SIMPLETTE.

Tous les hommes prendront mon parti.

COEUR D'ACIER.

Décidez-vous, monsieur.

Air : *de l'Opéra Comique,*

Ici je suis déjà sergent.

SIMPLETTE.

Je ne suis qu'un tambour novice.

COEUR D'ACIER.

J'ai vieilli dans le regiment.

SIMPLETTE.

Moi , je n'ai guère de service.

CADET.

J'conviens qu'du service on fait cas ,
Mais ma bonn' dans certaines guerres,
On préfer' les jeunes soldats
Aus anciens militaires.

COEUR D'ACIER.

Eh ! bien, eh ! bien, qu'est-ce que vous faites donc ?

SCENE XIV.

Les Mêmes, **BRAS DE FER** et plusieurs autres.

BRAS DE FER, *bas à Cadet.*

Monsieur, je voudrais bien vous dire un mot.

CADET, *quittant Simplette.*

Je suis à vous.

UNE FEMME, *de même.*

Monsieur, je voudrais vous parler en particulier.

CADET, *allant à elle.*

J'y vais...

UNE AUTRE FEMME, *de même.*

Monsieur, il faut m'épouser sur le champ.

CADET, *même jeu.*

Me voilà !

COEUR D'ACIER

Je lui ai parlé la première.

Cad. dans l'ile.

F

SIMPLETTE

Je ne vous le céderai pas.

TOUTES

Ni moi, ni moi, ni moi.

BEUGLANT, *sortant.*

L'heureux coquin ! voyons donc si je ne pourrais pas attraper quelqu'aubaine comme ça.

CADET, *tiraillé par les femmes.*

Eh doucement mesdames, vous me déchirez.

CHOEUR DES FEMMES

Air : *Allons aux Prés St.-Gervais.*

C'est moi qu'il épousera,
J'aime beaucoup la comédie,
Je jouerai quand on voudra,
Drame , tragédie ,
Opéra.

CŒUR D'ACIER.

On doit me porter aux nues
Dans un rôle à sentimens.

SIMPLETTE.

Et moi dans les ingénues.

CADET.

Gn' y a plus d'enfans !

CHOEUR.

C'est moi qu'il épousera.

BRAS DE FER.

Je t'offre dans chaque pièce
Un rôle de tragédien ,
Choisis ou Rome ou la Grèce.

CADET.

La Grèc' m'irait bien.

CHOEUR.

C'est moi qu'il épousera , etc.

SCENE XV.

Les Mêmes , MANON , BLANCHET, *suivis de femmes.*

MANON, *vivement.*

Vengeance, mesdames, vengeance.

BRAS DE FER

Est-ce qu'il nous arrive encore des hommes ?

MANON,

Non, mesdames, rassurez-vous, mais que viens-je d'apprendre? il se trouve ici une femme assez parjure à ses sermens, pour vouloir épouser le perfide que nous avons condamné.

COEUR D'ACIER, *à part.*

Ah! mon dieu elle sait déjà...

SIMPLETTE, *à part.*

Adieu mon mariage.

MANON

Avez-vous cru que je souffrirais cela? non, mesdames, je ne le souffrirai certainement pas. Nommez-moi la coupable, et elle va recevoir le prix de son indigne trahison.

BLANCHET, *à part.*

C'est ça, c'est ça.

SIMPLETTE, *à part.*

Voilà mon mari veuf, avant de m'avoir épousée.

MANON

Air : Ouverture de Panurge.

Il faut qu'on la saisisse,
Il faut qu'on la punisse.

LES FEMMES.

Laissez-vous fléchir,
Pardonnez à son repentir.

MANON.

On veut en vain que je fléchisse
La justice. (*bis.*)
Commande ici son supplice ;
Oui la parjure périra,
Nommez-là. (*bis.*)

LES FEMMES.

Grand Dieu ! qu'exigez-vous là ?

MANON.

Est-ce vous. (*bis.*)

LES FEMMES.

Appaisez votre courroux,
Voyez nous (*bis.*)
A vos genoux.

(*Toutes les Femmes tombent à genoux.*)

MANON, *riant.*

Air : Ah ! Maman.

Ah ! grand Dieu ! c' que j' vois est-il croyable ?

Quels sont vos projets ?
Je ne cherchais
Qu'une coupable,
Mais ici quel crime impardonnable,
Je n' puis m'abuser,
Vous vouliez toutes l'épouser.

(*Les femmes se relèvent.*)

COEUR D'ACIER

Je vous l'avoue, Princesse, nous ne sommes pas nées pour haïr les hommes.

BRAS DE FER

Il y a bientôt un mois que je les déteste.

SIMPLETTE

Ça ne pouvait pas durer.

MANON

Mais quand vous lui feriez grace, mesdames, il ne peut pas toutes vous épouser.

COEUR D'ACIER

C'est ce que je pense.

BLANCHET, *à part.*

Leur céderait-elle ses droits.

CADET

Je me mettrai en quatre pour leur plaire.

BRAS DE FER

N'avons-nous pas d'ailleurs, quelque vengeance à exercer contre Blanchet?

COEUR D'ACIER

Il était de moitié dans le marché.

BLANCHET

En voilà bien d'une autre à présent.

CADET

C'est vrai, il doit partager mon supplice.

COEUR D'ACIER

Il a raison ! il n'y a qu'a les mettre tous deux dans un sac.

CADET

Comment dans un sac?...

COEUR D'ACIER

Oui, leurs noms, s'entend; mêlés avec d'autres billets blancs, chacune de nous en prendra un et...

BRAS DE FER

Eh! bien oui, que le sort en décide.

CADET

Tiens, on va nous mettre en loterie.

COEUR D'ACIER, *à part.*

Vous verrez que je n'aurai pas le bonheur d'attraper un extrait.

MANON

Un instant mesdames.

Air : *Ah ! quel souvenir affreux.*

Vous pouvez disposer d'Blanchet,
A vot' vengeanc' je l'abandonne ;
Mais au moins laissez-moi c' Cadet,
J'ai quelque droit sur sa personne.
Le châtiment de celui-ci
Est un plaisir que je réclame ;
Peut-on mieux punir un mari
Que de lui rendre sa femme ?

TOUTES LES FEMMES

Sa femme!

MANON

Depuis bientôt dix-huit mois.

SIMPLETTE

Comment ils se sont mariés?

CADET, ôtant son chapeau.

Au feu éternel sur le boulevard de l'hôpital.

BLANCHET

Fâcheux auspices!

(On entend trois coups de canon.)

SCENE XVI.

Les Mêmes, BEUGLANT.

BEUGLANT

Air: *Alerte, alerte.*

Aux armes , aux armes (*bis.*)
Je viens augmenter vos allarmes
Pour un homm' vous criiez bien haut,
V'là qu'il en arrive un vaisseau.

BRAS DE FER

Un vaisseau d'hommes?

SIMPLETTE

Le tribunal va être en permanence.

BEUGLANT

C'est une frégate : *la Chaste Suzanne*, montée par le capitaine Sabord.

COEUR D'ACIER

Mon frère!..

BRAS DE FER

Il amène nos amans.

UNE FEMME

Et nos maris.

TOUTES

Où nous cacher ?

BEUGLANT

Les voici !

SCENE XVII.

Les Mêmes, troupe de Matelots.

CHŒUR.

Air : *des Petits Pâtés*

Plus de combats, plus de procès,
Terminons ici toute guerre,
Et deux à deux chez un notaire
Allons signer le traité d' paix.

(Chacune des amazônes prend le bras d'un homme.

UNE FEMME, *tenant un Matelot.*

A toi l'hymen m'enchaine.

BRAS DE FER *id.*

Nos cœurs vont s'enlacer.

SIMPLETTE *id.*

Je renonce à ma haine.

UNE AUTRE FEMME *id.*

La mienne va commencer.

CŒUR D'ACIER, *qui n'a point trouvé d'homme.*

Quel chagrin pour mon âme
Dans ce moment . hélas !
Je suis la seule femme
Qui ne se venge pas.

CHŒUR.

Plus de combats, etc.

CADET.

Sans brûler des amorces
Tout s'arrange ici-bas ;
Il faut garder nos forces
Pour livrer d'autr's combats.

MANON.

Les enn' mis n' sauraient prendre
C't' il' qu'on va renouv'ler ;
Chargez vous d' la défendre,
J' nous 'charg' rons d' la peupler.

CHŒUR.

Plus de combats , etc.

MANON

Allons, mesdames, nous nous fixons ici, mariez-vous,
pour égayer vos nôces, Beuglant nous fera des tragédies où
Cadet et moi nous jouerons les jeunes premiers.

BLANCHET

J'y réclame un rôle...

CADET

De traître, coquin, tu voulais me souffler ma femme.

BLANCHET

Je n'ai point réussi.

CADET

C'est pour cela que je te pardonne.

BLANCHET

Quelle clémence.

CADET, *lui offrant une prise de tabac.*

« C'est ainsi que César en use avec Pompée. »

VAUDEVILLE.

CHŒUR.

Air : *Vaud. du Bouquet du Roi.*

Au plaisir livrons nos cœurs ;
Tout prouve que cette vie
Est un' grande comédie,
Dont nous sommes les acteurs.

SIMPLETTE.

Dans un rôle d'innocente,
J'veux débuter sans délai,
Et je serai très contente
Si l'on m' reçoit à l'essai.

CHŒUR.

Au plaisir, etc.

BLANCHET.

Cuisinier de ces contrées,
J'jourai l'drame et l'opéra.
C'est surtout dans mes entrées
Que mon talent brillera.

CHŒUR.

Au plaisir, etc.

BRAS DE FER.

Un rôl' ne saurait me plaire,
S'il faut chanter un rondeau,
Mais je ne refuse guère
Quand on m' propose un duo.

CHŒUR.

Au plaisir, etc.

BEUGLANT.

A tout' sauce on peut me mettre,
Seigneur, bourgeois, ou valet.
J' n'apport'rais mêm' qu'une lettre,
Que j'y mettrais un cachet.

CHŒUR,

Au plaisir, etc.

MANON.

Dans les traverses qu'on comme
Mon talent n'est pas commun,
On peut m'changer d'un rôl' d'homme,
Car j'en ai joué plus d'un...

CHOEUR.

Au plaisir, etc.

CADET.

Jou's les pères, jou's les soubrettes,
Jou's les niaigar's au ton sigti,
Jou's même aussi les coquettes;
Mais n'jou's jamais ton mari.

CHOEUR.

Au plaisir, etc.

COEUR D'ACIER.

Jadis j'ai vu fuir sans crainte,
Deux violons qu'j'eus pour amants.
(*Elle tousse et ne peut continuer.*)

CADET, *achevant l'air.*

Maint'nant vous avez un' quinte,
Que vous garderez long-tems.

CHOEUR.

Au plaisir, etc.

MANON, *au Public.*

Un' tempêt' sur ce rivage,
Vient heureus'ment de m'jetter;
Faites messieurs qu'un orage
Ne m'forc' pas à le quitter,
Calmez ici vos frayeurs,
Et que ce soir l'indulgence
Accueille avec bienveillance,
Les Auteurs et les Acteurs.

FIN

www.ingramcontent.com/pod-product-compliance
Lightning Source LLC
LaVergne TN
LVHW022211080426
835511LV00008B/1697